BEI GRIN MACHT SICH IHR
WISSEN BEZAHLT

- Wir veröffentlichen Ihre Hausarbeit,
  Bachelor- und Masterarbeit

- Ihr eigenes eBook und Buch -
  weltweit in allen wichtigen Shops

- Verdienen Sie an jedem Verkauf

Jetzt bei www.GRIN.com hochladen
und kostenlos publizieren

Bibliografische Information der Deutschen Nationalbibliothek:

Die Deutsche Bibliothek verzeichnet diese Publikation in der Deutschen National-
bibliografie; detaillierte bibliografische Daten sind im Internet über http://dnb.d-
nb.de/ abrufbar.

Impressum:

Copyright © 2014 GRIN Verlag, Open Publishing GmbH
Druck und Bindung: Books on Demand GmbH, Norderstedt Germany
ISBN: 9783668308985

Dieses Buch bei GRIN:

http://www.grin.com/de/e-book/341303/grundlagen-der-assemblerprogrammierung

Philipp Hänicke

Grundlagen der Assemblerprogrammierung

GRIN Verlag

GRIN - Your knowledge has value

Der GRIN Verlag publiziert seit 1998 wissenschaftliche Arbeiten von Studenten, Hochschullehrern und anderen Akademikern als eBook und gedrucktes Buch. Die Verlagswebsite www.grin.com ist die ideale Plattform zur Veröffentlichung von Hausarbeiten, Abschlussarbeiten, wissenschaftlichen Aufsätzen, Dissertationen und Fachbüchern.

Besuchen Sie uns im Internet:

http://www.grin.com/

http://www.facebook.com/grincom

http://www.twitter.com/grin_com

Philipp Hänicke

Assembler (16 Bit)
unter Windows

Allgemeine Zusammenfassung der wichtigsten
Grundlagen der Assemblerprogrammierung

Abschnitt 1: Die Arbeitsumgebung

Die Arbeitsumgebung ist die DOS-Box, die im Gegensatz zum cmd-Programm von Windows auch im Vollbild-Modus (Tastenkombination: ALT + Enter) betrieben werden kann.

Editor der Dateien ist das Notepad++. In ihm werden die Dateien geschrieben und als .asm-Dateien abgespeichert.

Umgang mit der DOS-Box:

Zuerst wird der Ordner hinzugefügt (englisch: hinzufügen → mount), indem
mount c *Ordnerpfad*
eingegeben wird.
Der Ordnerpfad meint dabei den Pfad, in dem später die Programmdateien gespeichert werden.

Umwandlung in der .asm in .exe (macht die Dateien ausführbar):

TASM *Dateiname* – wandelt die .asm-Datei in eine .obj-Datei um („Compiler")
TLINK *Dateiname* – wandelt die .obj-Datei in eine ausführbare .exe-Datei um („Linker")

Umwandlung mit Hilfe einer „BAT-Datei":

Mit dem Notepad++ erstellt man eine leere Datei mit dem Namen asm.bat (.bat als Dateiformat) und fügt dort folgenden Quelltext ein:

```
@echo off
if exist %1.obj del %1.obj
if exist %1.exe del %1.exe
@echo on
tasm %1.asm
tlink %1.obj
```

Damit erspart man sich das Kompilieren und Linken. Um eine Datei zu Kompilieren und zu Linken gibt man nach dem Mounten (siehe oben) ein: asm *Dateiname*

Um die Datei zu starten gibt man danach einfach nur noch den Dateinamen ein.

! Hinweis: Kursiv gedruckte Wörter müssen durch bestimmte Werte oder Namen oder ähnliches ersetzt werden, z.B. der oben genannte *Dateiname* durch den selbstgewählten Namen der Datei, die später ausgeführt werden soll.

! Hinweis: Dunkelblau unterlegte Abschnitte sind Programmauszüge und können direkt ins Programm kopiert werden.

! Hinweis: Die Befehle der einzelnen Programmauszüge sind im Abschnitt 10 erklärt.

Abschnitt 2: Prozessarchitektur und Registerarten

Die sogenannten „Register" werden bei Computern zum festen Speichern von Bits verwendet, mit denen der Prozessor arbeitet. Windows verwendet 64-Bit (alle Spalten), in dieser Anleitung werden nur die Register mit 16-Bit verwendet (die 2 rechten Spalten).

Registerarten:

Es gibt verschiedene Arten von Registern. Das eine sind die Grundregister. Diese sind:

AX (Akkumulator), BX, CX, DX (diese können auch kleingeschrieben werden)

Außerdem gibt es noch andere Register, wie:

DS (Daten-Segmentregister), ES (Extra-Segmentregister), SI (Source-Index), DI (Destination-Index), SP (Stack-Pointer), BP (Base-Pointer)

Abschnitt 3: Bedingte und unbedingte Sprünge

Flagregister:

Die Flagregister dienen dazu, eine Markierung zu setzen, wenn ein bestimmter Fall eintritt. Es gibt vier verschiedene Arten:

Zero-Flag: z   prüft, ob das angegebene Register =0 ist
Greater-Flag: g   prüft, ob der Wert des ersten Registers größer ist als der des Zweiten
Carry-Flag: c   prüft, ob nach einer Rechnung es zu einem Registerüberlauf kommt
Equals-Flag: e   prüft, ob der Wert des ersten Registers mit dem des Zweiten identisch ist

Wenn ein Vergleich durchgeführt wird, müssen vorher zwei Register verglichen werden. Das wird mit der „Compare"-Befehl realisiert: cmp *erstes_Register,zweites_Register*

Damit die Flagregister verwendet werden können, müssen Sie als Sprungmarke gesetzt werden(ein j).

jz *weiter*   → bedeutet: Wenn das angegebene Register =0 ist, springe zu „weiter"!
weiter: → diese ist die Stelle, an der das Programm bei der gesetzten Flag weiterläuft.

Um eine Flag zu negieren, gibt man statt jz → jnz ein.

Erklärung: jnz → „jump not zero" → „Springe, wenn nicht gleich null"

Unbedingte Sprünge (immer):

jump *Ziel* (sogenannte Sprungmarke)
Ziel:

Beispiel:

```
jmp start
;---- Unterprogramme ----
;----- MAIN -------------
start: mov ax,@data
```

Bedingte Sprünge (siehe auch: Flagregister):

Beispiel:

```
cmp ax, bx
jng weiter1
;Aktionen für AX>BX
;beliebig viele Anweisungen
weiter1: …
```

Abschnitt 4: Einseitige und Zweiseitige Auswahl

Einseitige Auswahl (if):

cmp ax, bx	→ Vergleicht AX mit BX
jne weiter1	→ Wenn beide nicht gleich sind, springe zu „weiter1"
;Aktionen für AX=BX	→ Aktionen, wenn AX und BX gleich sind
;beliebig viele Anweisungen	
weiter1: …	→ Fortführung des Programms, wenn AX nicht gleich BX ist

Zweiseitige Auswahl (if - else):

cmp AX, BX	→ Vergleicht AX mit BX
je alternative	→ Wenn beide gleich sind, springe zu „alternative"
;Aktionen für AX verschieden BX (< oder >)	

jmp weiter2	→ Springe zu „weiter2"
alternative:	→ Fortführung des Programms, wenn AX gleich BX
;Aktionen für AX = BX	
weiter2: …	→ Fortführung des Programms, wenn AX nicht gleich BX ist

Abschnitt 5: Wiederholungen

Der loop-Befehl:

Der loop-Befehl ist ein Sprungbefehl (ableitbar: Looping). Er arbeitet grundsätzlich mit dem CX-Register. Dabei zieht er von dem CX-Register 1 ab und arbeitet für CX > 0.
! Hinweis: Das CX-Register darf dabei nicht überschrieben werden!

Solange-Schleife (while):

loop1:	→ Sprungmarke
cmp AX, DX	→ Vergleicht AX mit DX;
jnc weiter	→ Wenn es zu keinem Registerüberlauf kommt, springe zu „weiter"
;Aktionen	
jmp loop1	→ Springe zu „loop1" (Sprungmarke)
weiter: ...	→ Fortführung des Programms, wenn es zu keinem Registerüberlauf kommt

Zählschleife (for):

mov CX, Anzahl	→ Übergibt die Anzahl der Sprünge auf das CX-Register
loop2:	→ Sprungmarke
;Aktionen	
loop loop2	→ Springt zurück zu „loop2" für CX > 0
;nachfolgende Aktionen	

Abschnitt 6: Makros

Makros sind Codeteile bzw. Codestücke, die aus mehreren Anweisungen bestehen können.
Makros werden vor dem eigentlichen Programm definiert.
Sie können vom Programm aus aufgerufen werden, wobei, im Gegensatz zu einer Prozedur, das Makro in den Quellcode kopiert wird.
Außerdem kann man Makros auch Parameter übergeben.

Makros beginnen mit:

Makroname MACRO
;Anweisungen

ENDM

Als Beispiel-Makros eignen sich das Makro zum Starten und Beenden des Programms:

INIT MACRO
mov ax,@data

```
mov ds,ax
ENDM

EXIT MACRO
mov ah,4Ch
int 21h
ENDM
```

Parameterübergabe an Makros:

Bei der Parameterübergabe werden im Makro nach *Makronamen* MACRO die Variablen definiert.
Im Programm werden Sie hinter den Aufruf geschrieben.

Beispiel:

```
Makroname MACRO x, y, z
mov ax,x
mov bx,y
mov cx,z
ENDM
```

Aufruf im Programm:

Makroname x y z

Abschnitt 7: Interrupts
siehe auch: Assemblersprachen – Interrupts

Die Interrupts dienen zur Benutzung von Betriebssystemroutinen.
In das Register AH (Register AX teilt sich in AH (High) und AL (Low); dies gilt für alle anderen Register auch) ist IMMER die Funktionsnummer zu laden.
Zum Schluss wird immer der jeweilige Interrupt mit int *xx*h aufgerufen.

Schrittfolge:

Werte laden
Funktionsnummer laden
Interrupt aufrufen

! Hinweis: Das Register AH darf dabei nicht überschrieben werden!

Abschnitt 7.1: Der Interrupt 16h

Der Interrupt 16h (gesprochen: 16 hex (abgeleitet von Hexa-Dezimalsystem)) kann überprüfen, ob der Benutzer eine Taste gedrückt hat. Die Funktionsnummer ist in AH zu laden:

mov ah,*funktionsnummer*

Funktionsnummer 0 (Tastendruck-Warten):

Es wird auf einen Tastendruck gewartet.

! AH → speichert den Scancode
! AL → speichert den ASCII-Code

Funktionsnummer 1 (Tastendruck-Nachschauen):

Es wird nachgeschaut, ob eine Taste gedrückt wurde.
Wenn keine Taste gedrückt wurde, wird die Zero-Flag gesetzt; wenn eine Taste gedrückt wurde, wird keine gesetzt.

! AH → speichert den Scancode
! AL → speichert den ASCII-Code

Beispiel:

```
loop1:
mov ah,1
int 16h
jz loop1
mov ah,0
int 16h
;hier kann das Zeichen aus AL ausgegeben werden (später erklärt)
```

Abschnitt 7.2: Der Interrupt 10h

Der Interrupt 10h ist der sogenannte Video-Interrupt.
Mit ihm kann man Grafik und Pixel ausgeben.
Die Funktionsnummer ist in AH zu laden.

Funktionsnummer 0 (Video-Modus setzen):

Wechselt zwischen Text-Modus und Video-Modus.
Die Zahl in AL entscheidet, in welchen Modus gewechselt wird.

AL = 3:   Textmodus
AL = 13h: VGA-Grafik 320x200x256

Beispiel:

```
mov ah,0
mov al,13h
int 10h
```

→ Wechselt in den Videomodus

Funktionsnummer 2 (Cursorposition setzen):

Kann den Cursor an eine bestimmte Position auf dem Bildschirm setzen.
In BH muss eine 0 stehen.

BH = 0
DH = Zeile
DL = Spalte

In der Zeile gibt es die Nummern zwischen 0 und 320; in der Spalte die Nummern zwischen 0 und 200.

Beispiel:

```
mov ah,2
mov bh,0
mov dh,160
mov dl,100
int 10h
```

→ Setzt den Cursor in die Mitte des Bildschirms

Funktionsnummer 9 (Ein Zeichen farbig ausgeben):

Es kann ein Zeichen aus dem ASCII-Code farbig ausgeben.
In AL wird das Zeichen nach dem ASCII-Code angegeben.
In BH muss die Seitennummer stehen und in BL die Farbe.

AL = Zeichen nach ASCII-Code
BH = 0
BL = Farbe
CX = Anzahl der Zeichen hintereinander

Beispiel:

```
mov ah,9
mov al,48
mov bh,0
mov bl,14
```

```
mov cx,4
int 10h
```

→ Gibt „0" 4-mal hintereinander aus in der Farbe mit dem Wert 14.

Funktionsnummer 0Ch (Pixel färben):

Gibt an Position x, y einen farbigen Pixel aus.

AL = Farbe
BH = Seitennummer
CX = x
DX = y

X muss zwischen 0 und 320 und y zwischen 0 und 200 liegen.

Beispiel:

```
mov ah,0Ch
mov al,14
mov bh,0
mov cx,160
mov dx,100
int 10h
```

→ Gibt in der Mitte des Bildschirms ein Pixel mit der Farbe mit dem Wert 14 aus.

Funktionsnummer 13h (Ausgabe eines Strings):

Es gibt einen String im Grafikmodus aus.
! Es ist besser, den Video-Modus einzustellen.

AL = 1
BH = Seitennummer
BL = Farbe
CX = Stringlänge
DH = Zeile
DL = Spalte
ES:BP = Stringadresse (Segmentadresse)

Zeile muss zwischen 0 und 320 und Spalte zwischen 0 und 200 liegen.

Beispiel:

```
mov ah,13h
mov al,1
mov bh,1
```

```
mov bl,14
mov cx,4
mov dh,160
mov dl,100
mov es:bp,ax
int 10h
```

➔ Gibt in der Mitte des Bildschirms vom String aus dem Puffer des AX 4 Zeichen aus in der Farbe mit dem Wert 14 aus.

Abschnitt 8: Bibliotheken

Makros und Unterprogramme in eine eigene Bibliothek auslagern

Schritt 1: Quelltext erstellen

Beispiel für ein Makro:

```
Init MACRO
mov ax,@data
mov ds,ax
ENDM

Exit MACRO
mov ah,4Ch
int 21h
ENDM
```

Der Quelltext sollte mit Notepad++ (leere Datei) erstellt werden.

Schritt 2: Quelltext speichern

Der Name der zu speichernden Datei ist beliebig, er darf allerdings nicht auf .asm enden. Speichern Sie die Datei an dem Ort, wo Sie die Programm-Dateien auch speichern.

Beispiel:

```
my.bib
my.inc
bibo.bib
bibo.inc
```

usw.

Schritt 3: Bibliothek in den Quelltext einbinden

Binden Sie die Datei wie folgt in den Quelltext der .asm-Datei ein:

```
.data
include my.bib
;Variable
.code
jmp start
;----- MAIN ------------
start: Init
;-- TODO --
Exit
end start
```

Abschnitt 9: Funktionen (Methoden)

Funktionen werden mit
call name_der_funktion
aufgerufen.
Sie arbeiten als Unterprogramm.
Bei call wird die Adresse des nächsten abzuarbeitenden Befehls (IP) auf den Stack gelegt und arbeitet in der Funktion.
Stößt der Ablauf dort auf ein ret, so wird die Adresse in das IP Register zurückgeholt, damit im Programm fortgefahren werden kann.
Nach der ret-Anweisung muss ein ENDP folgen.

Syntax:

```
name proc
;Anweisungen
ret
ENDP
```

Die Funktionen werden als „Unterprogramme" zwischen den Anweisungen „jump start" und „start" eingefügt.

Sie werden ausgerufen im Programm mit:

call *name_der_funktion*

Werterückgabe von Funktionen:

Normalerweise erfolgt die Werterückgabe von Funktionen über den Akkumulator (AX bzw. AL).
Diese nennt man die direkte Werterückgabe.

Die indirekte Werterückgabe erfolgt durch die Veränderung von Variablen.

Parameterübergabe an Funktionen:

Möglichkeit 1: Über eine Variable → In einer Variablen wird ein Wert gespeichert, der in der Funktion wieder abgerufen werden kann.

Möglichkeit 2: Über Register → In einem Register wird ein Wert gespeichert, der dann in der Funktion wieder abgerufen werden kann.

Möglichkeit 3: Über den Stack ↓

Parameterübergabe über den Stack:

Die Parameter (hier: wert1 und wert2) werden auf den Stack gelegt und später wieder heruntergeholt.
Als Beispiel-Funktionsname wurde „para" gewählt.

Aufruf im Programm:

```
push wert2
push wert1
call para
```

Funktion:

```
para proc
push bp              → Der Basepointer (BP) wird auf den Stack gelegt
mov bp,sp            → Die Stackpointer (SP) wird auf BP gelegt
mov ax,[bp+4]        → wert1 wird vom Stack geholt und auf AX gelegt
mov bx,[bp+6]        → wert2 wird vom Stack geholt und auf BX gelegt
;weitere Anweisungen
pop bp               → Der Basepointer (BP) wird vom Stack genommen
ret                  → Rücksprung in Programm
ENDP
```

Abschnitt 10: Befehlserklärung

DOS-Box:

mount ...	fügt den Ordner der DOS-Box hinzu
TASM	wandelt die .asm-Datei in eine .obj-Datei um
TLINK	wandelt die .obj-Datei in eine .exe-Datei um
.asm-Datei	Dateityp, in der das Programm mit dem Editor erstellt wird
.exe-Datei	Dateityp, mit dem das Programm ausgeführt werden kann
.bat-Datei	Dateityp, der .asm-Dateien direkt in .exe-Dateien umwandeln kann

Programm / Quelltext:

AX bzw. ax	Grundregister (= Akkumulator)
BX bzw. bx	Grundregister
CX bzw. cx	Grundregister
DX bzw. dx	Grundregister
DS bzw. ds	Daten-Segmentregister
ES bzw. es	Extra-Segmentregister
SI bzw. si	Source-Index
DI bzw. di	Destination-Index
SP bzw. sp	Stackpointer
BP bzw. bp	Basepointer
cmp	„compare" → Vergleiche … mit …
mov	„move" → Bewege von … zu …
jump	Springe zu … (auch: jmp)
loop	Zieht von CX 1 ab und springt zu …, wenn CX > 0
jg	Wenn größer, dann … (vorher Vergleich)
jng	Wenn nicht größer, dann … (vorher Vergleich)
jz	Wenn =0, dann … (vorher Register mit cmp angegeben)
jnz	Wenn nicht =0, dann … (vorher Register mit cmp angegeben)
jc	Wenn es zu einem Registerüberlauf kommt, dann … (vorher Vergleich)
jnc	Wenn es zu keinem registerüberlauf kommt, dann … (vorher Vergleich)
je	Wenn beide Werte gleich sind, dann … (vorher Vergleich)
jne	Wenn beide Werte ungleich sind, dann … (vorher Vergleich)
name MACRO	Beginn eines Makros (auch: *name* macro)
ENDM	Ende eines Makros (auch: endm)
name PROC	Beginn eines Unterprogramms, z.B. einer Funktion (auch: *name* proc)
ENDP	Ende eines Unterprogramms (auch: endp)
int	Angabe des Interrupts
push	Legt Wert auf den Stack
pop	Holt sich den obersten Wert vom Stack
pusha	Legt alles auf den Stack
popa	Holt sich alles vom Stack
call	Ruft eine Funktion auf
ret	Rücksprung der Funktion

Quelle

Erarbeitet mithilfe von DOSBox Version 0.74, x86-Emulator von Peter "Qbix" Veenstra, Sjoerd "Harekiet" van der Berg, Tommy "fanskapet" Frössman, Ulf "Finster" Wohlers, 2002. Informationen unter www.dosbox.com.